Mgr PERRAUD
ÉVÊQUE D'AUTUN, CHALON ET MAÇON
MEMBRE DE L'ACADÉMIE FRANÇAISE

TROIS DISCOURS

SUR

SAINTE THÉRÈSE

Se vend au profit
du monastère des Carmélites d'Autun.
Par la poste..... 1 fr. 15 c.

AUTUN
IMPRIMERIE DEJUSSIEU PÈRE ET FILS
1887

TROIS DISCOURS

SUR

SAINTE THÉRÈSE

—∞•⦂•∞—

RÉCENTES PUBLICATIONS

DE

MGR L'ÉVÊQUE D'AUTUN

Oraison funèbre de S. Em. le cardinal Guibert, archevêque de Paris, grand in-8° raisin.................... 1 fr. 50

La même, édition populaire in-32................. 0 fr. 25

La Reconnaissance, discours prononcé à Ostende, le 18 août 1886, in-8°...................................... 1 fr. » »

Jeanne d'Arc, message de Dieu, discours prononcé à Orléans, le 8 mai 1887..................................... 1 fr. » »

Notre-Dame des Flots, discours prononcé à Dieppe, le 15 août 1887... 1 fr. » »

ŒUVRES PASTORALES & ORATOIRES
DE MGR PERRAUD,
ÉVÊQUE D'AUTUN, MEMBRE DE L'ACADÉMIE FRANÇAISE.

Les tomes I, II, III et IV sont en vente.
Prix du volume : 7 fr.

EN VENTE :

Chez M. OUDIN, éditeur, 17, rue Bonaparte, Paris ; et chez MM. DEJUSSIEU, imprimeurs-libraires à Autun.

Mgr PERRAUD
ÉVÊQUE D'AUTUN, CHALON ET MACON
MEMBRE DE L'ACADÉMIE FRANÇAISE

TROIS DISCOURS

SUR

SAINTE THÉRÈSE

Se vend au profit
du monastère des Carmélites d'Autun.
Par la poste..... 1 fr. 15 c.

AUTUN
IMPRIMERIE DEJUSSIEU PÈRE ET FILS
1887

AVANT-PROPOS

Depuis longtemps, j'avais promis aux Carmélites d'Autun de prêcher dans leur chapelle le panégyrique de sainte Thérèse.

J'ai tenu cet engagement le 15 octobre de la présente année.

Le discours une fois prononcé, elles me demandèrent de l'écrire.

Pour déférer à leur désir, je me suis livré à un nouveau travail, plus étendu, plus approfondi que le premier.

Le panégyrique parlé se trouve tout entier dans ces pages, et ceux qui l'ont entendu l'y reconnaîtront sans peine.

Cependant, j'ai cédé à l'attrait de mettre en une plus complète lumière la physionomie, l'âme, la vie, la doctrine, les œuvres de la sainte.

De là, est résulté pour moi un surcroît considérable de lecture, de recherches, d'études. Elles se sont mêlées à la douleur d'un grand deuil[1] et à beaucoup d'autres préoccupations. Mais, au lieu d'aggraver le poids de mes peines et de mes labeurs, elles l'ont allégé. Il m'a semblé leur être redevable d'un supplément de force avec lequel j'ai fait face plus aisément à mes multiples devoirs.

Le panégyrique primitif a pris ainsi des proportions auxquelles on pourrait reprocher de dépasser les limites ordinaires.

L'objection tombera et je donnerai, je l'espère, satisfaction à toutes les exigences si, pour les lecteurs qui sont libres de

---

1. La mort du R. P. Pététot.

s'arrêter où bon leur semble, et sans porter aucun préjudice aux souvenirs de mes auditeurs du 15 octobre, je divise ce panégyrique en trois discours.

Est-il besoin de le dire ? Je n'ai, à aucun degré, la prétention d'avoir pu traiter complètement un sujet si vaste. Aussi bien, ma plus grande ambition serait-elle d'inspirer à ceux qui me liront le désir, non seulement de connaître dans tous ses détails la vie de la sainte, mais d'aborder l'étude et la méditation de ses divers ouvrages. Je profite de cette circonstance pour recommander encore une fois l'excellente histoire de sainte Thérèse, écrite, il y a quelques années, par une Carmélite du monastère de Caen[1]. *Je me suis expliqué du mérite de ce livre dans une lettre qui a été mise en tête de la cinquième édition. A lui tout seul, ce chiffre prouve combien le public a donné raison aux jugements que neuf évêques ont portés sur cette* Histoire de sainte Thérèse.

J'écris cet avant-propos deux jours après la mort d'une des religieuses qui m'entendaient, il y a cinq semaines, parler de la sainte Réformatrice du Carmel.

La mère Louis de Gonzague, ancienne prieure du monastère d'Autun (lequel, on le sait, est la continuation historique et canonique du Carmel de Saint-Denis[2]*), a été rappelée par Dieu le mardi 22 novembre. Au moment même où je sonnais à la porte de la clôture pour lui porter une bénédiction suprême, le mystérieux Époux de l'Évangile, plus prompt que moi, adressait à la mourante la touchante et décisive invitation de le suivre. Elle était entrée depuis quelques jours dans la quatre-vingt-sixième année de son âge et elle allait achever la soixante-cinquième de sa vie religieuse.*

Elle était la dernière carmélite qui eût connu les contemporaines de Mme *Louise de France. A ce titre, elle avait été citée*

---

[1]. Deux volumes in-8°. Paris, chez Retaux et Bray, 82, rue Bonaparte.
[2]. Rétabli à Paris après la Révolution, rue Cassini, et transféré à Autun, en 1838, par mon prédécesseur d'illustre et pieuse mémoire, Mgr du Trousset d'Héricourt.

comme témoin, il y a dix ans, lors des informations canoniques ordonnées par le Saint-Siège, à Paris et à Autun.

Ses Sœurs communiqueront bientôt aux couvents de l'ordre les principaux détails biographiques de sa longue carrière. Pour moi, je ne ferai connaître aujourd'hui de cette âme qu'un seul trait, évidemment le plus caractéristique et le plus décisif de toute sa vie.

La Mère Louis de Gonzague, née en Hollande d'une famille calviniste établie dans ce pays après la révocation de l'édit de Nantes, était protestante et, par sa mère, petite-fille d'un pasteur.

Comment s'était-elle convertie au catholicisme?

Sans la faire passer par le long circuit des discussions et des controverses, une forte impression de grâce, appliquée à la notion des conseils évangéliques, l'avait de bonne heure prédisposée à embrasser la forme de christianisme dans laquelle seule ces conseils peuvent être pleinement réalisés.

Il est hors de doute que l'idéal de la vie parfaite est contenu dans l'Évangile.

Il est historiquement certain qu'en supprimant le célibat des prêtres, les vœux monastiques, l'existence des ordres religieux, le protestantisme a enlevé aux âmes chrétiennes, sollicitées par le désir et par la grâce de la perfection, les moyens pratiques de correspondre à cette grâce et d'accomplir ce désir. Il n'est pas moins certain que, depuis ses commencements, et à toutes les époques de sa longue et féconde carrière, l'Église catholique a permis à ses fils et à ses filles de conformer leur vie à ce sublime idéal en mettant à leur disposition des ressources nombreuses et variées, admirablement appropriées à tous les caractères, à tous les tempéraments, à toutes les situations sociales.

Si d'ailleurs il faut juger l'arbre d'après ses fruits, les règles de vie parfaite qui ont reçu l'approbation de l'Église et qu'ont embrassées un grand nombre de ses enfants, se justifient par les saints qui ont fleuri dans tous les ordres religieux, par leurs vertus et par leurs œuvres. L'Église catholique est donc l'unique société dans laquelle il y ait des moyens efficaces de correspondre à des aspirations que le Sauveur a consacrées par ses enseignements les plus formels.

De ce principe, fortement médité sous l'action de la grâce de Dieu, notre vaillante Hollandaise tira cette conclusion : puisque je ne saurais embrasser la vie parfaite qu'au sein du catholicisme, c'est lui et lui seul qui est la vraie religion de Jésus-Christ. Donc, je deviendrai catholique et j'entrerai au Carmel.

Celle qui résolvait avec cette vigueur de logique la question de sa vocation n'avait pas encore dix-huit ans accomplis. Elle a vécu près de soixante-six ans sous la règle austère de sainte Thérèse, et elle l'a pratiquée jusqu'à la fin sans aucune mitigation. La veille de sa mort, elle suivait encore, avec autant d'exactitude qu'une novice, les exercices de la communauté.

Ces pages contiennent les dernières paroles qu'elle ait entendues en l'honneur de sa sainte Mère.

Je les lui dédie avec un pieux respect.

Autun, le 24 novembre 1887, en la fête de saint Jean de la Croix.

P.-S. — Cet avant-propos était écrit, lorsque j'ai eu communication d'une Relation manuscrite dans laquelle la Mère Louis de Gonzague elle-même a raconté toutes les circonstances de sa conversion et de sa vocation. J'ai lu ce récit avec le plus vif intérêt. J'espère être bientôt en mesure de le publier, avec l'espérance fondée qu'il en résultera pour les âmes un très grand bien.

15 décembre.

TROIS DISCOURS

SUR

SAINTE THÉRÈSE

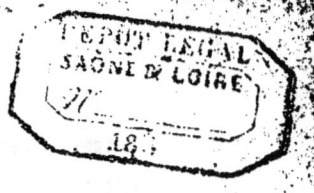

PREMIER DISCOURS

> *Simile est regnum cœlorum fermento quod acceptum mulier abscondit in farinæ satis tribus, donec fermentatum est totum.*
> Le royaume des cieux est semblable à du levain qu'une femme mêle à trois mesures de farine, jusqu'à ce que le tout soit fermenté.
> (S. Mathieu, XIII, 33.)

Mes chères Sœurs,

Quelles ont été les trois opérations ou fonctions principales entre lesquelles s'est partagée la vie de votre sainte mère ? Ou, suivant la comparaison familière employée par le Sauveur dans son évangile, quelles sont les « trois mesures de farine » que Thérèse a pétries avec un précieux levain, et dont elle a fait pour elle-même, pour sa famille religieuse, pour un très grand nombre d'âmes, un pain substantiel et savoureux ?

L'histoire en main, je réponds : la prière, le travail, la souffrance, voilà les trois éléments dont se compose la vie de sainte Thérèse. Ajoutons-y l'amour de Dieu, constamment mêlé par elle comme un levain sacré à ses pensées et à ses actions ; mais un amour envahissant, qui s'est emparé de toutes les puissances de son être ; qui l'a maîtrisée d'une façon souveraine ; qui a été chez elle le principe d'où sont sorties les vertus héroïques, les sublimes entreprises, les **grâces** extraordinaires, en un mot, cette éminente sainteté que le jugement infaillible de l'Eglise propose à l'admiration et à la vénération des fidèles depuis qu'elle a solennellement canonisé l'humble vierge d'Avila, l'intrépide réformatrice du Carmel.

D'ailleurs, quand j'applique à Thérèse la parabole évangélique des « mesures de farine et du levain » mêlés ensemble par la bonne ménagère qui « pétrit son pain », je puis m'autoriser des expressions dont se sert la liturgie dans l'oraison de ce jour.

Que demandons-nous à Dieu avec la sainte Eglise, sinon « d'être nourris de la céleste doctrine » que sainte Thérèse a enseignée au monde, soit par ses admirables écrits, soit par ses exemples, plus admirables encore ?[1]

En effet, rappeler aux âmes favorisées de la vocation religieuse, et, d'une manière plus générale, à tous les disciples de l'Evangile, combien il leur est nécessaire de savoir prier, travailler, souffrir, et de s'acquitter par amour de ces fonctions essentielles de la vie chrétienne, c'est donner aux âmes la plus solide et la plus fortifiante des nourritures ; c'est leur communiquer la surnaturelle vigueur qui les rendra capables, non seulement d'entrer dans le royaume des cieux, mais d'y conquérir une des meilleures places.

Puissions-nous en faire tous la bienheureuse expérience ! C'est la grâce que je veux demander avec instance pour mon pieux auditoire et pour moi. Afin de l'obtenir, je place ma parole sous la protection de Marie, la reine immaculée du Carmel, et j'invoque le glorieux saint Joseph, en qui Thérèse mit toujours la plus imperturbable confiance.

I

Que sainte Thérèse ait été une maîtresse consommée dans la science fondamentale de la prière : ses écrits et sa vie en font foi.

Favorisée sur ce point des plus étonnantes et décisives

---

1. Ut cœlestis ejus doctrinæ pabulo nutriamur...

lumières, cette simple femme, étrangère aux études de la théologie, mais directement formée à l'école du Saint-Esprit, a été et demeure un des auteurs les plus autorisés sur l'importante et délicate matière de l'oraison. Aucun docteur ne l'a surpassée dans l'exactitude avec laquelle elle en a exposé les méthodes, formulé les conditions et les règles, décrit les mystérieuses ascensions. Elle est allée, on le peut dire, jusqu'aux dernières profondeurs de la psychologie et de la théodicée surnaturelles, lorsqu'elle a entrepris de faire connaître de quelle façon se noue, s'entretient, se développe et se consomme ce commerce sacré de l'âme avec Dieu ; lorsqu'elle a mis en lumière la place qu'il occupe dans l'économie générale d'une vie qui entend se conformer aux principes de la foi ; lorsqu'elle a décrit d'une façon si précise, d'une part, les grâces ordinaires ou les privilèges exceptionnels qui découlent de l'oraison ; de l'autre, les moyens pratiques de ne confondre les opérations divines ni avec les tromperies du démon, ni avec les fantaisies qu'engendrent aisément une imagination ardente et une excessive sensibilité. [1]

Pour traiter à fond tous ces problèmes de haute spiritualité, Thérèse n'a eu qu'à interroger sa propre expérience. Soit qu'elle ait écrit avec une simplicité naïve, sous la dictée de ses souvenirs personnels et par obéissance pour les ordres de son confesseur, le journal de sa vie intérieure ; soit qu'elle ait composé, à l'intention de ses filles, des traités où elle a expliqué la hiérarchie des communications de l'âme avec Dieu, on peut dire qu'elle a élevé à la gloire de l'oraison un monument aux proportions immenses et d'une inébranlable solidité. Si les

---

1. Sainte Thérèse a traité explicitement ce grand sujet de l'oraison dans son autobiographie et dans ses livres du *Château de l'âme* et du *Chemin de la perfection*. Elle y est revenue incidemment dans son *Livre des fondations* et dans ses lettres. Il faut lire en particulier les lettres qu'elle a écrites pour rendre compte de son oraison, en 1560 à saint Pierre d'Alcantara (t. I, p. 5 et suiv.) ; en février 1576, au P. Rodrigue Alvarez (t. I, p. 387 et suiv.) ; en mai 1581, à don Alphonse Velasquez, évêque d'Osma, précédemment chanoine de Tolède où il avait été confesseur de la sainte (t. III, p. 321.)

théologiens de profession ont donné plus de développements à certaines parties ou les ont rangées d'après un ordre plus méthodique en se servant du langage consacré par les traditions de l'école, ils n'ont rien ajouté d'essentiel à l'œuvre doctrinale de la sainte. Ils ont pu convenir sans déshonneur, à la suite de saint Jean de la Croix[1], le disciple le plus éminent de celle qui a écrit le *Chemin de la perfection* et *le Château de l'âme*, qu'elle avait complètement épuisé le vaste et important sujet de l'oraison.

Mais ici se pose une question fort sérieuse à laquelle j'ai le dessein de m'arrêter. N'est-ce pas une opinion généralement répandue que, pendant toute sa vie et dès les commencements, Thérèse a été une privilégiée du Saint-Esprit ; élevée, sans qu'il lui en ait coûté aucun effort, jusqu'aux cimes de la contemplation et semblable à l'oiseau qui, pour planer au plus haut des airs, n'a qu'à déployer ses ailes et à laisser souffler le vent ?

S'il en était ainsi, l'histoire de ses relations avec Dieu ne laisserait pas encore que d'être digne de l'attention la plus respectueuse et devrait toujours être étudiée comme une des plus étonnantes démonstrations de l'action et de la puissance de la grâce. Dans ce cas toutefois, je l'avoue, ni son expérience personnelle ni ses écrits ne seraient d'un bien utile secours au grand nombre de ceux qui doivent cheminer dans les voies ordinaires sans jamais prétendre aux états sublimes dont quelques saints ont été favorisés. Or, je ne crains pas de l'affirmer à l'encontre d'une erreur très répandue, ce sont précisément ceux-là qu'il est bon de conduire à l'école de sainte Thérèse, afin de les encourager par ses exemples, autant que par ses conseils, à ne se pas rebuter des difficultés qui détournent beaucoup de personnes de l'exercice le plus nécessaire à la vraie et solide piété.

« Je m'appliquerais volontiers à l'oraison, » dit-on souvent,

---

[1]. Dans son cantique XIII°.

» si je devais y recevoir les lumières et les goûts dont Dieu
» se montra si prodigue à l'égard de sainte Thérèse, et qui
» firent vraiment pour elle, de la prière mentale, l'avant-
» goût des joies du Paradis. »

Voici comment je réponds :

Sans doute, Thérèse a expérimenté ce qu'il y a de plus sublime dans les relations de l'âme avec Dieu. Mais il faut ne pas oublier de quelle façon elle a été conduite à ces états extraordinaires dans lesquels il est permis de voir, à côté du libre exercice de cette grâce souveraine dont Dieu s'est réservé la mystérieuse répartition, une récompense de la persévérance courageuse avec laquelle, pendant de longues années, la grande contemplatrice, dont le seul nom semble être synonyme « d'extase » et de « ravissements », a pétri le pain de la prière sans y mêler autre chose qu'une obéissance très amère, inspirée, il est vrai, par l'amour de Dieu, et devenant ainsi le levain qui a fait fermenter son âme jusqu'à la sainteté.

II

Née en 1515, Thérèse avait dix-huit ans et demi lorsque, après beaucoup d'hésitations et de combats intérieurs, elle prit le parti d'entrer au monastère du Carmel de l'Incarnation d'Avila. [1]

Ce couvent n'était pas cloîtré. Les parloirs y recevaient de fréquents visiteurs. Thérèse de Ahumada, pleine d'esprit, de grâce, de beauté, appartenant à une des familles les plus honorables du pays, de qui elle avait reçu une éducation très distinguée, n'était pas de celles dont les entretiens étaient le moins avidement recherchés par les personnes du dehors. De son côté, elle se prêtait volontiers à ces conversations où elle se sentait fort appréciée. Peu à peu, et presque sans en avoir conscience, elle y contracta des habitudes de dissipation d'esprit qui lui rendirent très pénible l'exercice de l'oraison men-

1. 2 nov. 1533.

tale dont le recueillement est la première et la plus nécessaire condition.

Que fit-elle?

Appliquant à son état un raisonnement inspiré tout à la fois par une fausse humilité et par une logique implacable, elle conclut qu'elle devait renoncer à l'oraison et se contenter de faire des prières vocales, sans prétendre entretenir avec Notre-Seigneur un commerce plus intime dont elle ne se sentait pas digne.

Elle eut l'étrange courage de demeurer pendant environ dix-huit mois exclue, par sa propre volonté, de l'exercice qu'elle devait plus tard conduire à sa perfection et auquel très probablement était attachée sa prédestination à la sainteté.

La mort de son père fut l'occasion dont la Providence se servit pour l'arracher à cette fatale illusion et lui faire comprendre quel détriment elle se portait à elle-même, en s'abstenant de l'oraison mentale. Le religieux dominicain qui avait assisté dans sa dernière maladie don Alphonse Sanchez de Cepeda et lui avait ménagé toutes les ressources d'une sainte mort, le P. Vincent Baron, entendit Thérèse en confession. Il lui intima l'ordre de se remettre sans retard à l'oraison qu'elle avait abandonnée. Elle la reprit incontinent, et depuis elle n'y manqua jamais plus. [1]

Est-ce à dire toutefois que, immédiatement après y être revenue, Thérèse ait franchi d'un bond tous les degrés intermédiaires et soit arrivée d'un seul coup à ces communications véritablement privilégiées dans lesquelles l'âme n'a qu'à se tenir passive sous l'action de la grâce? Là encore, laissons parler les faits et les dates.

Thérèse, alors âgée de vingt-sept ans, était entrée depuis neuf ans en religion lorsque, sur l'ordre formel de son confesseur, elle se remit à l'exercice de l'oraison, si malencontreusement abandonné par elle. Mais pendant une période qui,

---

[1]. Pour plus de détails, lire les ch. VI et VII du t. I de l'*Histoire de sainte Thérèse*, par une carmélite, citée dans l'avant-propos.

d'après son propre témoignage [1], dura vingt-deux ans, elle se traîna péniblement plutôt qu'elle ne marcha dans une voie où le devoir seul put la retenir. Elle avait à la prière mentale si peu de facilité et de goût que, si elle ne s'était aidée d'un livre, elle n'aurait pas su comment s'en acquitter. Et encore quelles aridités ! quelles désolations ! Il faut la faire parler elle-même pour l'encouragement et la consolation de tant d'âmes qui se plaignent de ne sentir ni douceur ni ardeur quand elles méditent.

« Très souvent, dit la sainte, et pendant des années entières,
» j'étais moins occupée du sujet de mon oraison que du désir
» d'entendre l'horloge sonner la fin de l'heure consacrée à la
» prière. J'aurais alors préféré la plus rude pénitence à la
» peine de me recueillir aux pieds de Notre-Seigneur. Dès
» que j'entrais dans l'oratoire, j'étais saisie d'une tristesse
» mortelle et je devais prendre tout mon courage qui, dit-on,
» n'est pas petit, pour me vaincre et me mettre à prier. » [2]

Certes, quand on a passé par une telle expérience ; quand on a traversé pendant si longtemps l'âpre désert des sécheresses et des épreuves spirituelles, on a bien acquis le droit de déclarer aux âmes sincèrement désireuses d'avancer dans le bien que l'oraison est la première et la plus nécessaire condition d'une vie sérieusement chrétienne, condition à laquelle, en dépit de tout, il faut demeurer inviolablement fidèle. [3]

Sans doute, à une autre époque de sa vie, l'oraison deviendra tout autre chose pour Thérèse. Plus elle aura lutté contre ses répugnances naturelles durant ces années si pénibles et plus Dieu versera sur elle, avec une abondante profusion, les lumières, les attraits, les douceurs, les ravissements. C'est lui-même alors qui fera l'oraison de sa fidèle et courageuse servante. Il se constituera son guide dans les ascensions qui,

---

1. Lettre de février 1576 au P. Rodrigue Alvarez. (Lettres, t. I, p. 483.)
2. Sa vie par elle-même, t. I, p. 90. (éd. Bouix.)
3. *Chemin de la perfection*, ch. XXIV.

de degré en degré, de demeure en demeure, l'élèveront jusqu'à l'union la plus intime avec son essence et avec ses perfections.

Mais, par les raisons les plus sages, il a voulu qu'elle fût un exemple pour les âmes dont la destinée est de pétrir laborieusement le pain dont la prière doit les nourrir, et qui sont tenues de prouver leur fidélité à Dieu par leur consciencieuse exactitude à demeurer dans les voies communes de l'oraison, sans prétendre aux faveurs et aux privilèges des états extraordinaires de la spiritualité.

III

C'est sans doute pendant cette période difficile et douloureuse que Thérèse a employé les méthodes dont elle a ensuite conseillé l'usage aux commençants et qui portent à un si haut degré le cachet de la sagesse pratique et de la connaissance expérimentale des conditions dans lesquelles la piété et les solides vertus qui procèdent de la foi sont appelées à se développer.

Ainsi, elle recommande à ceux qui veulent tirer un sérieux profit de ce salutaire exercice de prendre pour sujets ordinaires de leurs méditations les vérités fondamentales, à savoir Dieu, les devoirs d'état, le péché, les fins dernières, l'enfer, le paradis, les travaux et les douleurs de la passion de Notre-Seigneur Jésus-Christ. [1]

Elle leur donne encore une indication très précieuse lorsqu'elle leur apprend avec quelle prédilection elle méditait la prière du Sauveur au jardin des Oliviers, aimant à lui tenir compagnie et à considérer de près la tristesse de son agonie et la sueur de sang qui ruisselait de tout son corps. [2]

---

1. Sa vie par elle-même, ch. VIII.
2. Ib. ch. IX. Que l'on compare ces conseils de sainte Thérèse avec certaines parties de la méthode d'oraison enseignée par saint Ignace de Loyola : on verra qu'elle n'a pas moins excellé que ce maître si éminent de la vie intérieure à faire concourir au travail de l'oraison mentale toutes les facultés de l'esprit, sans exclure ni la mémoire ni l'imagination qui reconstruisent les lieux, ressuscitent les personnages et permettent à l'âme attentive de recueillir leurs paroles et d'étudier leurs actions

Thérèse n'est pas un guide moins sûr, et elle semble s'être elle-même inspirée de notre parabole évangélique lorsque, s'adressant aux âmes qu'elle suppose favorisées des états les plus élevés de l'oraison, elle les invite à ne jamais perdre de vue ni le souvenir de leurs péchés ni la connaissance de leur intérieur.

Voilà, dit-elle, en parlant de ces considérations destinées à maintenir l'âme dans une continuelle humilité, voilà « le pain » avec lequel se doivent manger tous les autres aliments, » quelque délicats qu'ils soient ; voilà le pain sans lequel on » ne pourrait vivre. »[1]

Enfin, cette femme d'un esprit si parfaitement équilibré, en qui la plus ferme raison secondait toutes les opérations de l'ordre surnaturel ; cette maîtresse consommée dans la science de la prière, insiste continuellement sur les résultats positifs auxquels l'oraison doit aboutir. Il ne s'agit pas seulement de dire : « Seigneur ! Seigneur ![2] » même avec toutes les ressources de l'imagination la plus fertile et de la plus exquise sensibilité. La bonne, vivante, féconde prière est celle qui augmente l'énergie de la volonté et la rend plus capable d'efforts et de sacrifices pour l'accomplissement de la volonté de Dieu et l'imitation effective des sentiments, des dispositions et des vertus de Notre-Seigneur Jésus-Christ. Elle écrivait en 1577, c'est-à-dire cinq ans avant sa mort, au religieux qui fut tout à la fois pour elle un fils spirituel et le guide le plus dévoué et le plus sûr dans les voies intérieures, ces paroles très significatives : « Le grand principe dans ces matières, c'est » que l'oraison la mieux faite et la plus agréable à Dieu est » celle qui laisse après elle de meilleurs effets....... J'appelle » de bons effets ceux qui s'annoncent par les œuvres....... » Pour moi, je ne désirerais point d'autre oraison que celle » qui me ferait croître en vertus. Quand elle serait accom-

---

1. Id. ch. XIII.
2. S. Matth. XII, 21.

» pagnée de grandes tentations, de sécheresses et de tribula-
» tions, je la regarderais comme la meilleure, parce qu'elle me
» rendrait plus humble et par conséquent plus agréable à
» Dieu. » [1]

Il y a particulièrement quatre fruits de la prière auxquels on peut reconnaitre si elle a été faite dans les conditions requises et profitable pour l'âme.

Il faut d'abord « sortir toujours plus humble de l'oraison [2] ». A chaque instant, la sainte rappelle cette recommandation fondamentale, et rien ne serait plus facile que d'extraire de ses œuvres les éléments d'un traité complet sur l'humilité, comme pierre de touche de la piété véritable. [3]

Elle établit même un parallélisme des plus instructifs entre les divers degrés d'union avec Dieu par l'oraison et les progrès de l'humilité. Doctrine aussi rationnelle que chrétienne ! En effet, plus les lumières surnaturelles augmentent dans une âme, et mieux elle comprend la grandeur de Dieu, et les droits de sa justice ; plus aussi elle devient capable d'apprécier, avec la malice du péché, la disproportion infinie qui existe entre la sainteté de Dieu et la chétive vertu de la meilleure même des créatures. De cette comparaison et de ce contraste résulte une humilité qui grandit sans cesse dans une

---

1. Lettre au P. Gratien de la Mère de Dieu, 23 octobre 1577.
2. Sa vie par elle-même, ch. XV.
3. « Que chacune de vous considère combien elle avance dans l'humilité, et elle verra les progrès qu'elle a faits dans la vie spirituelle. » (*Chemin de la perfection,* ch. XIII.)
Sainte Thérèse a donné de l'humilité une définition où elle a montré toute la vigueur d'esprit philosophique dont elle était douée : « Pensant un
» jour en moi-même, dit-elle, pour quelle raison Notre-Seigneur aime tant
» la vertu d'humilité et nous recommande tant de l'aimer, il me vint en
» l'esprit que, comme il est la suprême vérité, et que *l'humilité n'est autre*
» *chose que de marcher selon la vérité,* c'est une grande vertu non seulement
» de n'avoir pas bonne opinion de nous-mêmes, mais de connaitre notre
» néant et notre misère, puisque l'on évite par ce moyen de tomber dans
» le mensonge et que l'on se rend agréable à Dieu, en marchant selon la
» vérité. » (*Château de l'âme,* VIe demeure.)
Revenant encore sur l'humilité dans son livre du *Chemin de la perfection,* elle laisse tomber de sa plume cette prière héroïque : « Faites, Seigneur, que je désire
» sincèrement que tout le monde m'ait en horreur. » (Ch. XVI ; éd. Bouix.)

âme fidèle à se bien acquitter du devoir de l'oraison, et la provoque à la plus vive reconnaissance. D'un mot, qui touche au sublime, Thérèse a exprimé tous ces sentiments : « L'âme, » dit-elle, voit clairement qu'elle a mérité l'enfer, et *que Dieu* » *la châtie avec de la gloire.* A cette vue, comme la cire » devant le brasier, elle se fond en louanges de Dieu. »[1]

La seconde marque à laquelle on jugera qu'une âme tire bon parti de l'exercice de l'oraison, c'est la courageuse application aux devoirs d'état que Thérèse ne perd jamais de vue[2], même quand elle explique dans le langage des Séraphins les degrés les plus sublimes de l'union avec Dieu.

Le troisième fruit de l'oraison, c'est l'intelligence, l'estime et même l'amour des souffrances.[3]

Enfin, un zèle toujours plus ardent pour la conversion des pécheurs et pour l'extension du règne de Dieu dans les âmes est encore une démonstration certaine et une preuve expérimentale de l'action surnaturelle de la prière[4]. Portée sur les ailes de l'oraison, et introduite dans les profondeurs de la vie divine, rendue plus capable de comprendre ces desseins où éclatent avec tant d'évidence la justice et la miséricorde, l'âme contemplative voudrait partager avec l'humanité entière les convictions qu'elle rapporte de ce commerce sublime avec l'éternelle et infaillible vérité. Les flammes sacrées du zèle et de l'apostolat s'allument au foyer de la prière. On voudrait amener tous ses frères à partager de si bienfaisantes convictions et si, de fait, l'on ne peut prêcher l'Evangile par ses paroles, on se consume de désirs devant Dieu pour que son saint nom soit connu et sa volonté accomplie, tant on est persuadé que « sauf servir Dieu, tout est un néant. »[5]

---

1. Sa vie par elle-même, ch. XIX.
2. Ib. ch. XVII, t. I, p. 183.
3. Ib. ch. XXXIII.
4. Ib. ch. XXI.
5. Ib. ib. chap. XXI

On le voit, rien n'est plus en harmonie avec la condition militante de l'homme et du chrétien sur cette terre ; rien ne trahit une connaissance plus approfondie des obligations et des difficultés de la vie humaine ; rien n'est plus universellement approprié aux besoins de toutes les âmes, malgré la diversité presque infinie de leurs aptitudes ou de leurs responsabilités que cette théorie de la prière, composée par une habitante du cloître, qu'on se figure souvent si mal à propos n'avoir rien pu dire ou écrire dont les gens du monde aient à faire leur profit. Plût à Dieu que tous ceux qui sont mêlés aux mouvements et aux préoccupations des affaires eussent le courage de se soumettre à cette forte discipline de l'oraison mentale qui assurerait tant d'élévation à leurs pensées, tant de sagesse à leurs conseils, tant de suite à leurs démarches, tant de vigueur à leurs actions !

Mais je veux serrer de plus près un préjugé trop répandu et lui opposer une réponse plus décisive, tirée de la vie même de notre sainte.

De ce que, dans des pages admirables et devenues pour ainsi dire classiques, elle a décrit avec une incomparable puissance d'analyse les opérations les plus délicates de la grâce et révélé les prodiges surnaturels accomplis en elle par l'esprit de Dieu, lorsqu'il s'emparait en maître de toutes ses puissances et communiquait au corps lui-même le contre-coup des ravissements de l'âme, on a conclu que Thérèse, toujours emportée vers le monde idéal de la contemplation et comme absorbée dans une perpétuelle extase, avait dû demeurer étrangère aux conditions, aux péripéties, aux duretés de la vie réelle ; bonne assurément pour intéresser la postérité et lui offrir l'objet d'une curiosité pieuse, mais non pour être proposée comme un modèle sérieusement imitable.

Nous verrons dans un second discours comment cette femme, initiée par la prière aux problèmes les plus difficiles de la science des mystiques, a travaillé pour Dieu et pour les âmes ; à quelles entreprises elle s'est dévouée ; de quelle façon enfin elle a pétri laborieusement « la seconde mesure de farine » à laquelle, non moins qu'à la première, elle a mêlé le levain du divin amour.

SECOND DISCOURS

Mes chères Sœurs,

Votre sainte mère, entrée le 2 novembre 1533 au monastère mitigé de l'Incarnation d'Avila, devait s'y préparer pendant vingt-sept ans à devenir l'instrument d'un des plus grands desseins de Dieu sur son Église.

Elle a raconté elle-même, avec beaucoup d'agrément, de quels moyens la Providence se servit pour lui révéler le secret de sa véritable vocation.

Le soir du 16 juillet 1560, après les offices de la fête de Notre-Dame du Mont-Carmel, elle vit se réunir dans sa cellule et se grouper autour d'elle, d'abord Jeanne Suarez, ancienne professe du couvent, avec laquelle depuis longtemps elle était liée d'une pieuse intimité ; deux autres religieuses, ses cousines, Inès et Anne de Tapia ; enfin, deux de ses parentes qui n'étaient encore que pensionnaires au couvent, Eléonore et Marie de Ocampo.

On s'entretint de la fête du jour et surtout des obstacles apportés au recueillement, soit par le grand nombre de religieuses qui habitaient le monastère[1], soit par l'affluence et l'assiduité des visiteurs du dehors aux parloirs de la communauté. Tout d'un coup, Marie de Ocampo, âgée seulement de

---

1. Elles étaient cent quatre-vingt-dix en 1550 (*Histoire de sainte Thérèse*, I, p. 71).

dix-sept ans et qui, jusqu'à ce jour, s'était surtout fait remarquer par son goût pour les parures mondaines, s'écrie : « Nous
» qui sommes réunies ici, allons ailleurs chercher quelque
» endroit où nous pourrons mener une vie plus solitaire, à la
» manière des ermites. Si vous vous sentez le courage de
» vivre comme les Franciscaines déchaussées, il y aura bien
» moyen de fonder un couvent. »[1]

N'était-ce là que la boutade sans conséquence d'une imagination jeune et ardente, ou fallait-il voir dans ces paroles une indication providentielle ? Pour montrer qu'elle prenait très au sérieux ce qu'elle venait de dire, Marie de Ocampo offrit mille ducats à prendre sur sa dot et destinés à subvenir aux frais de la nouvelle fondation. Dès le lendemain, une respectable et fervente veuve, unie à Thérèse par les liens d'une sainte amitié, dona Guiomar, promit son généreux concours dans le cas où Dieu manifesterait sa volonté d'être servi de cette façon plus austère, plus conforme aux anciennes règles et traditions du Carmel.

On se mit donc à prier et à consulter. Les lumières, venues d'en haut, furent abondantes ; les décisions, formelles ; les encouragements donnés par les hommes les plus compétents, très explicites. Un de ceux dont Thérèse avait sollicité les conseils lui répondit par une véritable prophétie. C'était le dominicain, canonisé depuis sous le nom de saint Louis Bertrand[2].
« Au nom du Seigneur, écrivit-il à Thérèse, je vous dis de
» vous armer de courage afin d'exécuter votre entreprise avec

---

1. Sa vie par elle-même, ch. XXXII, et *Histoire de sainte Thérèse*, par une carmélite, t. I, ch. XII.
2. Un des plus vaillants apôtres du Nouveau-Monde. Il mourut deux ans avant sainte Thérèse, le 9 octobre 1580, à l'âge de 55 ans. Il fut béatifié par le pape Paul V, en 1638, et canonisé par Clément X, en 1671. Les Bollandistes, dans la vie de saint Louis Bertrand, rapportent que la vérité de cette prédiction fut regardée dans le procès de canonisation de ce saint comme une preuve authentique de l'esprit prophétique dont Dieu l'avait favorisé. (Le P. Marcel Bouix, traducteur des œuvres de sainte Thérèse. Notes du ch. XXXII de la vie de la sainte par elle-même.)

» l'aide de Dieu ; et je vous assure de sa part qu'avant cin-
» quante ans votre ordre sera un des plus illustres de la sainte
» Eglise. »

Quel était ce dessein ? De quelle façon Thérèse réussit-elle à le réaliser ? Au prix de quels efforts et de quels sacrifices la vit-on pendant vingt ans pétrir vigoureusement « cette seconde mesure, » sans jamais cesser d'y mêler et la prière et le levain du divin amour ? Dieu me fasse la grâce de pouvoir résumer avec exactitude toute cette partie laborieuse et militante de la vie de notre sainte !

I

Et d'abord, quel était ce dessein ? Il s'agissait de ramener les Carmélites à l'intégrité, à la pureté, à la rigueur primitive de leur institut. Fondées au quinzième siècle par le bienheureux Jean de Soreth, elles avaient pris une rapide extension en Italie, en France, en Espagne, dans les Pays-Bas. Mais elles n'avaient pas tardé à suivre dans les voies de la mitigation leurs frères aînés les Carmes ; et les adoucissements introduits dans leur règle avaient été, sur la demande de Jean de Facy, général de l'ordre, canoniquement approuvés par le pape Eugène IV.[1]

Au premier abord, il semblerait que ramener à des observances d'une date relativement récente un institut religieux dont la fin essentielle était de suivre la voie parfaite, ne dût pas être une tâche très compliquée.

La vérité, maintes fois justifiée par l'expérience, est que si la fondation d'un ordre nouveau est une œuvre pleine de labeurs, la réforme d'un ordre déjà existant est encore bien plus difficile. Aussi bien, quand Dieu se résolut à créer l'homme, il lui suffit de prendre un peu de limon, et de lui

---

[1]. *Histoire de sainte Thérèse*, par une carmélite, t. I, ch. XII.

« inspirer un souffle de vie [1] » : le limon docile obéit sans retard à la parole du Tout-Puissant. Mais quand il s'est agi de réparer l'homme déchu, défiguré, déformé par le péché, il n'a fallu rien moins, après une préparation de quarante siècles, que les abaissements, les souffrances, la sanglante passion du Verbe incarné.

Une fois la volonté de Dieu clairement manifestée, Thérèse se mit résolument au travail. On va voir ce dont cette extatique fut capable, et quel indomptable courage elle puisa dans son humilité et dans sa confiance en Dieu. [2]

Un bref de Rome, en date du 6 février 1562, autorisait la fondation du monastère réformé de Saint-Joseph d'Avila.

Le 24 août de la même année, le jour de la fête de l'apôtre saint Barthélemy, Thérèse et ses premières compagnes prenaient possession de leur nouvelle résidence. Le patronage d'un martyr qui fut écorché vif devait être le symbole très expressif des épreuves par lesquelles devait passer la réformatrice dans l'accomplissement de sa mission. Elle a consigné dans le récit de sa vie, avec beaucoup d'enjouement et de bonne grâce, le souvenir de tout ce qu'elle eut d'obstacles à vaincre, de préventions à subir, d'humiliations à supporter pour venir à bout de cette première entreprise. [3]

Être contredit ou persécuté par les méchants : cela est évidemment très pénible, mais on oserait presque dire que c'est normal. On doit s'y attendre : il ne faut pas s'en troubler.

Ce qui est douloureux par-dessus tout, quand on s'applique à un travail qu'on a les plus sérieuses raisons de croire inspiré et voulu de Dieu, c'est de se heurter à l'opposition des gens de bien ; opposition souvent d'autant plus véhémente et plus

---

1. Gen. II, 7.
2. « Tout, dit-elle avec une admirable humilité, se trouvait réduit à une » pauvre Carmélite déchaussée, chargée de patentes et pleine de bons désirs, mais » sans moyens de les exécuter et sans aucune assistance que de Dieu seul. » — Un peu plus loin, elle ajoute : « Une fourmi telle que je suis ». (*Livre des Fondations*, Medina del Campo, ch. II.)
3. **Sa vie par elle-même**, ch. XXXII et XXXIII.

tenace qu'elle s'autorise de la droiture des intentions. « Il » viendra un temps, a dit notre divin Sauveur, où qui» conque vous tuera estimera faire une chose agréable à » Dieu. » [1]

On les vit à l'œuvre, ces bonnes intentions, dès le jour où Thérèse, au comble de ses vœux, se réjouissait de pouvoir à son aise se plonger dans la solitude et se livrer à ses chères austérités. A peine eut-il été de notoriété publique, dans la petite ville d'Avila, qu'une religieuse du monastère de l'Incarnation s'ingérait de réformer son ordre, qu'une violente tempête souleva tous les esprits contre elle. N'était-ce pas, en effet, infliger une censure très amère au couvent qui l'avait accueillie avec tant de charité et à toutes les sœurs dont elle avait partagé la vie? N'était-ce pas, en outre, imposer à la cité une nouvelle et lourde charge que de fonder un monastère sans revenus et, par conséquent, ne pouvant subsister que d'aumônes ? Ces griefs se colportaient de bouche en bouche, aggravés, envenimés par la passion. Magistrats, bourgeois, marchands, gens du peuple, étaient unanimes à condamner Thérèse et déclaraient hautement qu'ils s'opposeraient par tous les moyens à cette entreprise insensée. Il semblait que la pauvre carmélite eût violé les lois divines et humaines parce qu'elle avait eu la prétention d'embrasser une vie plus solitaire, une pénitence plus stricte, une règle plus assujettissante. Entraînées par ce mouvement général, les religieuses de l'Incarnation n'étaient ni les moins émues, ni les moins ardentes. Thérèse reçut l'ordre formel de s'arrêter court et de ne pas poursuivre plus avant la fondation à peine ébauchée.

Elle n'eut garde de laisser échapper une si belle occasion de pratiquer l'humilité, l'obéissance et l'abandon à la volonté de Dieu. Ni les clameurs injurieuses, ni les procédés pénibles ne

---

1. Venit hora ut omnis qui interficit vos arbitretur obsequium se præstare Deo. (Joann. XVI, 2.)

purent troubler sa sérénité [1]. Convaincue que, lorsque l'heure marquée par la Providence aurait sonné, rien n'empêcherait l'œuvre de s'accomplir, elle attendit en priant et posséda son âme dans la patience. Cette confiance, nourrie par une constante oraison, ne tarda pas à être justifiée. Les préventions se dissipèrent; le monastère de Saint-Joseph put s'ouvrir non seulement avec l'approbation des supérieurs, mais du gré même des religieuses mitigées et de la population d'Avila, naguères si hostile à la sainte. Elle fut libre d'y recevoir celles que Dieu avait prédestinées à être ses premières collaboratrices et avec le concours desquelles elle allait pouvoir étendre la réforme à d'autres maisons.

Cinq ans après l'établissement du monastère de Saint-Joseph, au prix de nombreuses démarches et de toutes sortes de privations et de souffrances, Thérèse fit la fondation de Medina del Campo [2]. A partir de ce moment, presque d'année en année, de nouveaux monastères réformés de carmélites s'ouvrirent en diverses villes d'Espagne. Les deux derniers, ceux de Grenade et de Burgos, ne précédèrent sa mort que de quelques mois.

Quand elle quitta la terre, elle avait, en vingt ans, fondé

---

1. L'auteur de l'*Histoire de sainte Thérèse* cite, à propos de cet épisode raconté au chapitre XII du tome I, les devises composées par la sainte et dont elle fit le signet de son bréviaire : « Que rien ne te trouble ; — Que rien » ne t'épouvante ; — Tout passe ; — Dieu ne change point ; — La patience » obtient tout ; — Qui possède Dieu, rien ne lui manque ; — Dieu seul » suffit. »

2. « Je ne rapporte point, en parlant de ces fondations, les grandes incommodités que je souffris par les chemins, soit du soleil, du froid, de la neige... de ce que nous nous égarions ; de la fièvre ; d'autres maux dont j'étais fort travaillée... Parfois même je souffrais de si grandes douleurs qu'elles m'arrachaient des plaintes. » *(Livre des Fondations*, chap. XVIII.)

Dans la fondation de Séville, les circonstances l'obligèrent, elle et ses compagnes, à passer une journée presque entière sous un pont (Id. *Séville*, chap. XXIV). Elle écrivait en 1576, à propos de la fondation de Caravaca : « Cette fondation m'inspirait de la crainte, à cause de la grande paix avec » laquelle elle s'était faite ; car dans tous les monastères où Notre-Seigneur » doit être fidèlement servi, nous avons eu des tribulations, parce que le » démon ne peut les voir sans dépit. » (Lettre du 19 février 1576.)

dix-sept monastères de femmes soumis à la règle de la stricte observance.[1]

II

Parallèlement à ce grand et difficile labeur, Thérèse mena de front une autre entreprise qui lui attira encore plus de contradictions et de persécutions, mais où elle déploya davantage toutes les ressources de sa foi, de sa patience et son inébranlable fermeté. A l'époque où elle avait ouvert pour ses filles le monastère de Medina del Campo, elle avait trouvé un auxiliaire intelligent et dévoué dans la personne de Antoine de Hérédia, prieur du monastère des Carmes mitigés de cette ville. Témoin de la vie héroïque menée par la réformatrice et par ses compagnes, ce religieux accueillit avec empressement les ouvertures confidentielles de Thérèse sur le projet de fonder également des monastères réformés pour les carmes qui voudraient revenir à la règle primitive de l'ordre. Peu de temps après, Dieu dont la sagesse proportionne toujours les moyens à la fin, amenait à Thérèse les deux hommes destinés à être ses lieutenants et ses auxiliaires les plus actifs dans l'accomplissement de cette nouvelle et plus périlleuse mission. L'un appartenant à une ancienne famille, né d'un père espagnol et d'une mère polonaise[2], fut une des premières recrues

---

1. Le *Livre des Fondations*, commencé par sainte Thérèse en 1573 au couvent de Salamanque, continué à Tolède en 1576, terminé à Burgos au mois de juin 1582, quatre mois avant sa mort, contient le récit très intéressant des circonstances dans lesquelles furent établis ces monastères. En voici la liste, par ordre de date : Saint-Joseph d'Avila, 1562; Medina del Campo, 1567; Malagon et Valladolid, 1568; Tolède et Pastrana, 1569; Salamanque, 1570; Albe de Tormez, 1571; Ségovie, 1574; Véas et Séville, 1575; Caravaca, 1576; Villeneuve de la Xara et Palencia, 1580; Soria, 1581; Grenade et Burgos, 1582.
2. Son père, don Diego Gratien de Alderete, fut successivement secrétaire de Charles-Quint et de Philippe II. Sa mère, doña Juana, était fille de Dantisco de Curiis, ambassadeur de Pologne auprès de Charles-Quint, lequel entra dans les ordres après son veuvage, et mourut après avoir été évêque de Culm, puis de Warmye (Ermeland).

de la réforme. En quelle estime le P. Jérôme Gratien de la Mère de Dieu fut tenu par Thérèse ; quels services elle demanda et obtint de ce religieux ; avec quelle-intelligence et au prix de quels labeurs, il seconda la sainte réformatrice : on ne peut en avoir une juste idée qu'en lisant les lettres écrites par cette dernière, surtout à partir de l'année 1575. L'autre, de plus modeste extraction selon le monde, devait être l'heureux émule de Thérèse dans les voies les plus hautes de la contemplation et de la sainteté. Jean Yepès s'appellera plus tard saint Jean de la Croix[1]. Beaucoup et de très dures épreuves étaient réservées à ces deux principaux collaborateurs de sainte Thérèse. Ils les supportèrent comme elle avec un invincible courage et une confiance en Dieu dont ne purent triompher ni les obstacles ni les persécutions.

Malgré les autorisations canoniques avec lesquelles Thérèse avait mis la main à la réforme des Carmes, l'œuvre faillit échouer. Durant plusieurs années, il lui fallut travailler et subir des tempêtes auprès desquelles l'orage d'Avila n'était rien.

En 1575, un chapitre général des Carmes mitigés tenu à Plaisance, en Italie, condamna Thérèse comme coupable de désobéissance[2]. Elle devait choisir une de ses maisons où elle fixerait sa résidence perpétuelle, et il lui était défendu d'en sortir soit pour fonder de nouveaux monastères, soit même pour visiter les anciens. Aussitôt Thérèse alla se constituer prisonnière au couvent de Tolède. Dans quels sentiments? Il faut l'entendre s'en expliquer elle-même pour comprendre

---

1. Il naquit en 1541 ou 1542 à Fontibera, près d'Avila, dans la Vieille-Castille. Il fit ses premières études à Medina del Campo, où, à l'âge de vingt et un ans, il prit le saint habit chez les Carmes mitigés. On l'envoya pour sa théologie à l'université de Salamanque. Il porta d'abord le nom de frère Jean de saint Mathias, qu'il changea plus tard, lorsqu'il fut entré dans la Réforme, pour celui de Jean de la Croix. Il mourut le 14 décembre 1591 à Ubeda. Il a été canonisé en 1726, par le pape Benoît XIII. Sa fête se célèbre le 24 novembre.

2. Le P. Ange de Salazar, provincial des Carmes mitigés, avait annoncé à la cour de Philippe II que Thérèse était punie comme « très désobéissante » et la faisait passer pour « une excommuniée ». (Lettre de sainte Thérèse au P. Rubéo, général des Carmes, janvier 1576.)

de quelle façon elle entendait pétrir ensemble le travail, la souffrance, les humiliations et l'amour de Dieu. « Je puis
» assurer avec vérité, dit-elle, que loin de me causer la moin-
» dre peine, les fausses accusations formulées contre moi
» m'inondèrent d'une joie si vive qu'il m'était impossible de
» ne pas la laisser éclater au dehors. Dans le transport où
» j'étais, je ne m'étonnais plus de ce que le roi David avait fait
» devant l'arche et j'aurais voulu ne pas faire autre chose. Je
» ne sais à quoi attribuer une joie si excessive... La princi-
» pale cause de cette allégresse extraordinaire fut, je crois, la
» pensée que puisque les créatures me payaient de la sorte,
» mon créateur devait être content de moi [1]. » La mort du nonce apostolique Hormaneto arrivée au mois de juin 1577, lui enleva le seul appui sur lequel elle croyait pouvoir compter. Le successeur de ce prélat à la cour d'Espagne, Mgr Sega, avait été fortement prévenu contre Thérèse avant même de quitter Rome. Il arrivait à son nouveau poste avec la conviction que la prétendue réformatrice n'était qu'une extravagante et les Carmes déchaussés d'orgueilleux rebelles, séduits par une visionnaire et coupables d'avoir jeté la discorde au sein d'une famille religieuse jusqu'alors unie et paisible [2]. Quant aux

---

1. *Livre des Fondations*, Caravaca, ch. XXVII.
2. Le plus récent historien de sainte Thérèse, le P. Henry-James Coleridge fait observer que, si les Carmes de la Réforme s'étaient toujours inspirés de la prudence et de la haute sagesse de la sainte, ils n'auraient peut-être pas provoqué contre eux une opposition aussi violente. Mais en plus d'une circonstance, ils allèrent au-delà de ce qu'elle leur avait prescrit ou conseillé et elle dut porter la peine d'entraînements et d'excès qu'elle avait formellement blâmés. « Si vous commencez sans bruit et avec douceur, écrivait-elle, vous ferez beaucoup ; mais il ne faut pas vouloir finir en un jour. » Le P. Coleridge, jésuite anglais, a entrepris d'écrire une vie de sainte Thérèse composée principalement avec ses lettres. Sa pensée primitive était de les intercaler toutes dans son récit. Après le premier volume, il a dû modifier son plan qui l'aurait entraîné à une publication trop considérable et, à partir du second volume, sauf certaines lettres d'importance majeure qu'il traduit intégralement, il fait l'analyse de la correspondance de la sainte, en indiquant à la suite de chaque chapitre par ordre chronologique, les lettres auxquelles se réfèrent les diverses périodes de la vie de sainte Thérèse. Le second volume s'arrête à l'année 1578. Le troisième et dernier n'a pas encore paru. (*The life and letters of saint Theresa*. Londres, Burns 1887.) Voir aussi *l'Histoire de sainte Thérèse*, par une carmélite. T. II, ch. XXIII.

Carmes mitigés, décidés à en finir avec une tentative qu'ils estimaient déshonorante et préjudiciable pour leur ordre, et forts de l'appui qui leur était donné par le représentant du Saint-Siège, ils ne reculèrent devant aucune rigueur.

Saint Jean de la Croix et un autre carme de la stricte observance furent pris, garrottés, battus de verges [1]. Malgré l'intervention de Philippe II, la captivité du premier dura neuf mois. On l'avait enfermé dans un cachot où la lumière avait peine à pénétrer. Il y était vêtu, nourri, battu, comme un criminel.

Dans des conjonctures si critiques, Thérèse s'appropria les beaux et fermes sentiments des premiers témoins de la foi chrétienne. « Je souffre, put-elle dire avec saint Paul, mais je ne » me trouble pas. *Hæc patior, sed non confundor.* » [2]

Elle écrivait en effet à cette époque ces lignes sublimes qui expriment au vif la grandeur de ses épreuves et celle de son espérance. Oui, disait-elle dans une lettre du 11 mars 1578, « Dieu traite terriblement ses amis, mais, à la vérité, il ne » leur fait pas d'injustice, puisqu'il a traité ainsi son Fils. » [3]

Les choses allèrent à ce point que, au mois d'octobre 1578, l'excommunication fut lancée contre les principaux Carmes déchaussés auxquels, en outre, on faisait défense de recevoir aucun novice [4]. C'était l'arrêt de mort porté contre l'œuvre commencée dix ans auparavant sous de si heureux auspices.

III

Mais plus la cause semblait désespérée, plus Thérèse redoublait d'ardeur et de persévérance dans la prière. Ce fut

---

1. Les papiers de saint Jean de la Croix furent saisis et détruits. Du nombre, se trouvaient les nombreuses lettres de sainte Thérèse à son cher et fidèle disciple. Quelle perte irréparable !
2. II. Tim. I, 12.
3. Datée d'Avila et adressée au P. Gratien (*Lettres*, trad. Bouix, t. II, p. 379).
4. 16 octobre 1578.

sans doute vers ce temps qu'elle insista si fort sur la forme d'oraison qui la mettait en une plus étroite communion d'idées et de sentiments avec Jésus agonisant à Gethsémani. *Factus in agonia prolixius orabat.* [1]

Précisément à l'heure où tout espoir humain paraissait irrévocablement perdu, Celui qui tient entre ses mains les cœurs des puissants de ce monde et les incline comme il veut [2] changea tout d'un coup les dispositions des principaux adversaires et contradicteurs de Thérèse. Jésus avait laissé les flots monter, et monter toujours, comme s'il avait voulu leur permettre de submerger la frêle barque qui portait la fortune de la réforme du Carmel. Mais au moment marqué d'avance par la sagesse de ses conseils, il se réservait d'intervenir. Réveillé de son sommeil apparent, il fit signe à la tempête de s'apaiser et aussitôt un grand calme se fit. *Imperavit ventis et mari et facta est tranquillitas magna* [3]. Les douloureuses humiliations de Thérèse et des courageux ouvriers associés à ses labeurs se changèrent tout d'un coup en un triomphe éclatant.

Un incident de cour, assez insignifiant en apparence, ayant amené des explications entre Philippe II et le nonce apostolique, le puissant souverain profita de cette circonstance pour déclarer hautement ses sympathies en faveur de Thérèse et du but poursuivi par elle de rappeler à la rigueur et à la ferveur de la règle primitive un ordre pénitent et contemplatif. [4]

Mieux informé, le représentant du Saint-Siège revint des préventions où il s'était laissé engager. Une enquête minutieuse fut confiée à des arbitres désignés par le roi. La cause fut portée en cour de Rome où elle trouva un avocat très énergique dans la personne du cardinal Montalte, celui qui devait bientôt après illustrer sur la chaire de saint Pierre le

---

1. Luc, XXII, 43.
2. Prov. XXI, 1.
3. Matth. VIII, 26.
4. *Hist. de sainte Thérèse*, t. II, chap. XXV.

nom de Sixte-Quint. Le 27 juin 1580, un bref du pape Grégoire XIII constituait les Carmes et les Carmélites de la Réforme en province séparée, gouvernée par un provincial de leur règle et élu par leurs suffrages.

Depuis plus de trois siècles, l'œuvre accomplie par Thérèse subsiste. Elle n'a pas travaillé en vain. Sur l'antique tronc de l'arbre vénérable dont le nom rappelle le prophète Elie, son âpre solitude du Carmel, la puissance de son crédit auprès de Dieu, l'ardeur de son zèle contre l'erreur et le mal, deux branches sœurs, avec une sève rajeunie, ont poussé de toutes parts de vigoureux rejetons. Les fils et les filles de sainte Thérèse, particulièrement au siècle où nous sommes, ont eu à cœur de continuer par la prière et par la pénitence, les traditions de l'héroïque réformatrice. Derrière ces grilles austères, se poursuivent sans relâche et sans défaillance les immolations cachées qui s'unissent si bien aux saintes ardeurs de l'oraison, attirent des grâces dont le monde ne soupçonne ni l'origine, ni le prix, et assurent aux chrétiens des secours proportionnés à leurs besoins et à leurs périls. Au nom de tant de lumières et de forces surnaturelles appelées à féconder le ministère de l'Eglise et accumulées par l'immense labeur dans lequel Thérèse dépensa le tiers de sa vie, remercions l'infatigable ouvrière, et bénissons Dieu qui lui inspira une telle énergie.

Notre admiration et notre reconnaissance pour elle grandiront encore lorsque, dans une dernière étude, nous verrons comment, avec le levain de l'amour de Dieu, elle pétrit « la **troisième mesure** » de la parabole évangélique, à savoir la **souffrance**, inséparable chez elle de la prière et du travail.

TROISIÈME DISCOURS

Mes chères Sœurs,

Nous allons achever de méditer sur la vie de votre admirable et sainte mère, en nous inspirant jusqu'au bout de la parabole dont Notre-Seigneur s'est servi dans l'Évangile. Il a comparé le royaume des cieux « à du levain qu'une femme » fait fermenter après l'avoir mêlé à trois mesures de farine ». Le levain, avons-nous dit dans l'application de cette parabole à sainte Thérèse, c'est l'amour de Dieu qu'elle a toujours et surabondamment uni à la prière, au travail, à la souffrance.

Prier, avec toutes les dispositions requises, c'est aimer. Car la prière parfaite implique la charité dont elle se nourrit, en même temps qu'elle l'entretient et la développe.

Travailler, c'est aimer, quand le travail, inspiré et fécondé par la prière, a pour fin d'établir et d'étendre le royaume de Dieu.

Souffrir, avec le désir d'imiter Jésus-Christ et de s'unir à lui dans les sombres et désolants mystères de sa passion et de sa mort : c'est aimer davantage ; c'est aimer comme Jésus-Christ lui-même nous a aimés, en se rendant obéissant jusqu'à la mort de la croix et en s'immolant pour le salut du monde.

Au ciel, sans doute, on aimera sans souffrir, parce que le ciel est la récompense de la souffrance et le séjour de la béatitude.

Mais, sur la terre, pour rappeler une parole très expressive de l'auteur de l'*Imitation*, « quand on aime, on ne peut pas vivre sans douleur. » *Sine dolore non vivitur in amore.* [1]

---

1. *De imit. Chr.*, l. III, c. v, n° 7.

Jusqu'à quel point la vie de notre sainte a été marquée à l'empreinte de la douleur, et de quelle façon la douleur a été en elle l'expression de la charité parfaite, couronnant et consommant l'œuvre de la prière et du travail : c'est ce qu'il me reste à dire.

I

L'histoire des souffrances de sainte Thérèse commence avec son appel à la vie religieuse et ne se termine qu'avec sa mort; ainsi, sur une existence totale de soixante-sept années, elle embrasse près d'un demi-siècle.

Nous savons par elle-même les effrayants détails de la maladie dont elle eut à subir les assauts en 1536. Elle avait dû quitter momentanément le monastère de l'Incarnation et rentrer dans sa famille pour chercher un remède au mal mystérieux qui la consumait. Un traitement dont elle alla subir l'application de la part d'une empirique, dans un petit village de la Vieille-Castille, ne fit qu'aggraver son état. Elle revint chez son père réduite à une telle consomption que sa mort paraissait imminente. Les derniers sacrements lui furent administrés. Déjà, dans le cimetière du Carmel, sa fosse était creusée, prête à la recevoir. Sur le bruit faussement répandu de sa mort, un service funèbre avait été célébré pour elle dans un monastère voisin. Thérèse avait alors vingt et un ans. Supposons qu'il eût plu à Dieu de trancher à ce moment le fil de sa vie : que de souffrances lui eussent été épargnées ! Elle s'en allait au ciel avec la belle couronne de cette innocence que l'Eglise a solennellement reconnue et proclamée en dépit de l'édifiante exagération avec laquelle Thérèse s'est accusée elle-même de ce qu'elle appelle sa dissipation et sa vanité !... Oui, sans doute, enveloppée du triple linceul de sa jeunesse, de sa virginité, de sa consécration à Dieu, Thérèse fût entrée près d'un demi-siècle plus tôt en possession du bonheur éternel. Mais, je le dis hardiment, quel dommage pour elle ! Quel détriment pour l'Eglise ! Quelle lacune dans la glorieuse histoire des ordres religieux ! Quelle étoile de moins au firmament de la sainteté ! Non, en vérité, mourir à cet âge, pour elle ce n'eût pas été un gain ; et c'eût été une perte inappréciable pour nous. Thérèse restera donc encore sur la terre. Mais elle y souffrira, et d'autant plus que son cœur s'embrasera toujours davantage du feu de l'amour divin. *Sine dolore non vivitur in amore.*

A partir de 1539, les tortures corporelles ne furent plus aussi continues. Thérèse attribue à l'intervention de saint Joseph la grâce qui lui fut faite, malgré ses infirmités, de pouvoir suivre à peu près les exercices de la vie commune.

Mais quelle compensation dans les épreuves de l'âme ! Alors, en effet, commencèrent ces années de sécheresse durant lesquelles l'oraison lui fut un supplice. Puis, à partir de 1562 et jusqu'à la fin de sa vie, c'est-à-dire pendant vingt années consécutives, elle vit se succéder presque sans interruption les épreuves attachées à sa mission de réformatrice, à savoir : les perplexités, les luttes incessantes, les contradictions, les jugements injustes, les sévérités imméritées, les fatigues, les combats sans trêve, enfin la crainte de voir succomber sous la coalition des préjugés et des passions l'œuvre à laquelle elle ne s'était appliquée que pour ne pas désobéir aux ordres venus d'en haut.

II

N'était-ce donc pas assez de tant de souffrances résultant de la maladie, des accidents[1], des difficultés, des mauvais vouloirs, ministres des rigueurs salutaires de Dieu à son égard ?

---

1. Pendant les fêtes de Noël de l'année 1577, tandis qu'elle était au monastère de Saint-Joseph d'Avila, Thérèse se cassa le bras gauche. La réduction du membre fracturé ne se fit que quatre mois après l'accident. L'opération fut confiée à une villageoise des environs de Medina del Campo, qui passait

La sainte nous apprend elle-même que, jusqu'en 1556, c'est-à-dire jusqu'à sa quarante-et-unième année, le mot de « mortification volontaire » lui était à peu près inconnu [1]. Elle n'avait pas cherché à en approfondir le sens. Elle trouvait suffisant de supporter avec patience les douleurs du corps et de l'âme qui lui étaient envoyées et auxquelles elle ne pouvait pas se soustraire. Elle n'avait pas la pensée ni la préoccupation de se tourmenter elle-même. Mais un jour, une grande lumière lui fut donnée sur ce point capital par un de ses confesseurs, le P. Jean de Padranos, de la Compagnie de Jésus. « Dieu, lui » dit ce saint religieux, ne vous envoie tant de maladies que » pour suppléer aux austérités que vous ne pratiquez pas. Ne » craignez rien. Vos mortifications ne pourront vous nuire ». [2]

Thérèse comprit et, à partir de ce moment, elle entra généreusement dans la voie plus étroite du crucifiement volontaire d'elle-même et elle s'appliqua la parole de saint Paul : « Je » châtie mon corps et je le réduis en servitude. » [3]

Un dur cilice, de sanglantes flagellations, d'autres pénitences encore, furent le témoignage non équivoque de la sincérité avec laquelle elle entendait accomplir rigoureusement en elle-même sa part de la passion de Jésus-Christ [4]. Plus elle aimait, plus elle recherchait avidement la souffrance : *Sine dolore non vivitur in amore.*

A la mortification du corps, elle joignit celle de l'esprit et du cœur. Thérèse était naturellement expansive. Son intelligence,

---

pour être fort habile et qui se fit aider d'une autre femme. Elles tirèrent toutes les deux avec violence sur le bras que la fracture, déjà ancienne, avait réduit et torturèrent la blessée. Thérèse avait ordonné à toutes les religieuses de se rendre au chœur et elle demeura seule pendant qu'elle subissait ce douloureux supplice, appliquée à méditer sur la passion du Sauveur. « Pour rien au monde, dit-elle à ses sœurs, quand elles revinrent auprès d'elle, je n'aurais voulu perdre une si bonne occasion de souffrir. » Deux ans après, un coup dont ce même bras fut frappé détermina un abcès qui mit la vie de Thérèse en danger.

1. Sa vie par elle-même, ch. XXIII.
2. Ib. ch. XXIV.
3. Cor., IX, 27.
4. Col. I, 24.

douée d'une grande vivacité, avait été cultivée avec soin. Elle avait le goût des conversations avec les personnes du monde et le sentiment qu'elle y faisait du bien. Une fois préservée du danger de la dissipation par son retour à l'exercice de l'oraison mentale, elle cultivait sans scrupule des relations qu'elle n'eût pas cru pouvoir rompre sans manquer soit à la charité, soit à la reconnaissance.

Il devait y avoir là pour elle matière à une nouvelle immolation, probablement plus douloureuse et plus méritoire que les macérations de sa chair par le cilice et par la discipline.

Il faut admirer ici la grande prudence avec laquelle son confesseur d'alors, le P. Balthazar Alvarez, l'achemina vers cet acte de renoncement à des jouissances très délicates et d'une nature très élevée. Au lieu de lui imposer brusquement un sacrifice dont elle n'aurait peut-être compris ni la nécessité ni la beauté, il l'y prépara d'une façon insensible en l'appliquant toujours davantage à la prière et au recueillement. Durant un certain temps, il lui fit réciter chaque jour à cette intention le *Veni Creator*. Il arriva enfin une fois, qu'après avoir achevé cette hymne, elle entendit une voix intérieure lui dire très distinctement : « Je ne veux plus que tu converses » avec les hommes, mais avec les anges. »[1]

A partir de ce moment, son sacrifice fut fait. Elle entra résolûment dans l'austère solitude et liberté d'un cœur détaché à fond de toute satisfaction personnelle, de toute réciprocité d'affection terrestre, de toute complaisance même permise ; d'un cœur dont le rhythme ne devait plus avoir d'autre mobile que la plus pure charité, c'est-à-dire l'amour de Dieu par-dessus toute chose et l'amour du prochain pour l'amour de Dieu.

---

1. Sa vie par elle-même, ch. XXIV

III

Dire que sainte Thérèse a souffert, beaucoup souffert dans son corps et dans son âme, ce ne serait pas assez dire.

Ajouter qu'elle a souffert par amour, ce serait pénétrer plus avant dans l'intimité de son âme, mais à un degré encore insuffisant.

Pour être vrai et complet sur cette question fondamentale, il faut dire qu'elle a aimé à souffrir.

Mais comment peut-on aimer la souffrance ? S'y résigner ; la supporter courageusement, en esprit de pénitence et de soumission à la volonté de Dieu : n'est-ce pas très suffisant, même pour les exigences de la vertu chrétienne ? Faut-il aller plus loin ? Or, aller plus loin, n'est-ce pas contredire trop violemment ces instincts naturels dont Dieu lui-même est l'auteur et offenser le bon sens ? L'apôtre saint Jacques n'enseigne-t-il pas que, « à elle toute seule, la patience constitue la » perfection »[1] ; et qu'est-ce que la patience, sinon une soumission résignée aux maux que l'on ne peut empêcher ? Pourquoi vouloir enchérir sur la sagesse des premiers apôtres du christianisme, et courir le risque d'affaiblir la salutaire et raisonnable vigueur de leurs enseignements par une spiritualité trop raffinée et d'invention moderne ?

Rien ne nous sera plus utile, mes chers auditeurs, que de nous arrêter à ces objections et d'y chercher une réponse. En nous obligeant d'approfondir la question si pratique de la souffrance, elles nous rendront un service de premier ordre.

---

1. Ep. de S. Jacques, I, 4.

Trois motifs d'inégale valeur, mais surnaturels tous les trois, peuvent élever un disciple de Jésus-Christ, non seulement jusqu'à l'acceptation, mais jusqu'à l'amour de la souffrance.

Le premier est le besoin de l'expiation. Qu'une âme chrétienne ait conscience du péché, du sien ou de celui d'autrui ; qu'un Paul se rappelle comment il a été le persécuteur du christianisme naissant et le complice de la mort de saint Etienne ; qu'un Augustin repasse dans son cœur les égarements d'une jeunesse troublée par les désordres des passions et par les monstrueuses erreurs de l'hérésie manichéenne ; ou bien qu'une sainte Catherine de Sienne, une sainte Thérèse, un saint Louis de Gonzague, maintenus par la grâce de Dieu dans la plus complète intégrité de la chair et de l'esprit, méditent avec force sur les innombrables offenses infligées à la sainteté divine par les prévarications dont la face de la terre est inondée : pénitents pour leur propre compte ou pénitents pour le compte de leurs frères qui courent à leur perte éternelle, ces serviteurs, ces servantes de Dieu seront avides de souffrir. Satisfaire à la justice outragée, ouvrir plus larges les sources de la miséricorde : voilà pourquoi Jésus-Christ a souffert ; et voilà pourquoi aussi les saints mettent « à châtier » leurs corps », et à « compléter en leurs personnes la passion » du Christ », l'empressement qui nous cause parfois tant de surprise, sinon de scandale.

Le second motif pour lequel les saints recherchent la souffrance et vont au-devant d'elle, au lieu de la fuir, ou simplement de l'attendre et de la subir par résignation, est tiré de la vertu d'espérance et de la relation certaine qu'elle établit entre les épreuves de la vie présente et les récompenses de la vie future.

Ce point demande à être approfondi, car il constitue pour sa part une des lois les plus originales et les plus belles de l'ordre surnaturel et chrétien.

Je définis cette loi « une transposition opérée par Dieu » et dont le résultat est de changer en béatitude et en gloire éternelles les épreuves et les humiliations que nous subissons dans le temps.

Si cette idée est trop abstraite, voici sous quelle image on peut la présenter.

Les afflictions et les peines de la vie présente, de quelque nature qu'elles soient, forment une sorte d'immense clavier. Chaque souffrance endurée par le chrétien est comme une touche sur laquelle il frappe et produit une note qui a aussitôt son retentissement dans les profondeurs de l'éternité. Seulement, en vertu de la loi de la transposition, tout ce qui sur la terre rend le son terne, morne, lugubre de la douleur ou de l'humiliation est immédiatement traduit dans la région de l'au-delà par des chants d'allégresse et des hymnes de triomphe. D'où il résulte que, plus on aura aimé à souffrir sur la terre et plus on aura donné d'ampleur et de magnificence aux ravissantes symphonies qui feront au ciel une partie considérable du bonheur des élus.

Qand on a compris cette loi si simple et si grande tout à la fois, non seulement on ne s'étonne plus, avec la sagesse charnelle, du langage et de la conduite des saints; mais on les comprend; on les admire; on essaie d'entrer dans leurs sentiments et de marcher sur leurs traces. Quoi de plus explicite à cet égard que l'apôtre saint Paul ? Avec quelle netteté n'a-t-il pas révélé sur ce point capital le véritable et vivant esprit du christianisme ! Ecoutons-le :

« Nous portons continuellement sur nous la mortification de
» Jésus ; toutefois, comme cette mort opère la vie, non seulement
» nous n'éprouvons pas de défaillance, mais nous nous faisons
» gloire de souffrir ; et ce n'est pas assez dire que nous nous
» réjouissons, mais il faut ajouter que nous surabondons de joie
» en toute tribulation qui nous est envoyée de Dieu, car tout ce
» qui, dans le temps présent, est pour nous tribulation courte
» et légère, opère à notre profit un poids éternel de gloire. » [1]

1. II Cor. IV, 10 ; Rom. V, 3 ; II Cor. VII, 4, VI, 17.

Enfin, franchissons encore un degré et nous arriverons au motif le plus élevé de l'étrange prédilection que les saints ont toujours montrée pour la souffrance.

Ils ont aimé à souffrir, avons-nous dit, afin de faire une pénitence efficace soit de leurs fautes, soit des fautes de leurs frères.

Ils ont encore aimé à souffrir parce qu'ils ont compris à fond que souffrir sur la terre est un gain assuré pour le ciel.

Mais enfin et surtout, ils ont aimé à souffrir pour être en état de témoigner à Jésus-Christ un amour plus délicat et plus généreux.

Par leur recherche égoïste des jouissances ou même seulement du bien-être de la vie, la plupart des chrétiens laissent leur Maître souffrir sans compagnie, sans assistance, sans consolation. Il suffit de leur montrer la croix pour leur faire prendre la fuite, comme aux Apôtres, quand Jésus tombait aux mains de ses ennemis [1], et s'en allait seul aux humiliations du prétoire, aux coups de la flagellation, au portement de sa lourde croix, aux angoisses de sa suprême agonie. Les saints ont entendu retentir dans la partie la plus intime de leur cœur la plainte si touchante de la douce victime : « J'ai cherché un consolateur et je n'en ai pas trouvé. » [2]

Il leur paraît insupportable de demeurer dans le repos tandis que Jésus accomplit le dur travail de la passion. Ils aiment Celui qui les a tant aimés : donc ils ne le laisseront pas souffrir seul. Ils ambitionneront non seulement comme un honneur mais comme une joie de souffrir avec lui, pour les mêmes fins que lui. Au lieu de leur inspirer répugnance et effroi, la douleur volontaire leur sera comme un sacrement d'amour. Et parce que « la mesure d'aimer Dieu est de l'aimer sans » mesure[3], » ils estimeront n'avoir jamais assez souffert, et ils

---

1. Et relicto eo fugerunt. (Matth. XXVI, 56.)
2. Ps. LXVIII, 21.
3. Saint Bernard. *De l'amour de Dieu*.

souhaiteront que leur capacité de souffrir soit en proportion de leur charité.

IV

Sainte Thérèse a connu, exploré, expérimenté dans leurs dernières profondeurs ces secrets de la sublime philosophie et de la conduite pratique des saints.

De leurs principes, elle a déduit avec une logique souveraine, les conclusions pratiques dont elle a fait la règle de ses sentiments et de ses actions.

Elle, saint Jean de la Croix, et bien d'autres encore, ont appliqué, sans fléchir, à la grande question de la souffrance, ces axiomes de la foi chrétienne en présence desquels le sens humain peut demeurer éperdu, mais qui deviennent incontestables, dès qu'on admet l'autorité de l'Evangile. Thérèse n'est demeurée étrangère à aucun des motifs qui surnaturalisent la souffrance et la rendent capable d'être désirée. Qu'elle l'ait considérée comme la rançon du péché, comme le gage et le prix de la béatitude céleste, comme le témoignage suprême d'une réciprocité d'amour à l'égard de Celui qui nous a aimés jusqu'à la folie et à la mort de la croix, elle s'est éprise pour elle d'une passion insatiable maintes fois exprimée par elle dans des termes dont le sens humain demeure confondu. On ne saurait comprendre un tel langage, si l'on ne commence par prier et par solliciter de l'Esprit-Saint une participation aux pensées et aux sentiments dont sa divine action fut le principe dans l'âme de Thérèse.

« De quelle inestimable grâce Dieu nous favorise, dit-elle,
» dans le récit de sa propre vie, quand il nous révèle par sa
» lumière ce que l'on gagne à souffrir pour lui ! »[1]

1. Sa vie, ch. XXXIV.

Aussi bien, de sa part, les épreuves, les croix, les persécutions sont des marques assurées de sa prédilection pour les âmes qu'il aime davantage et auxquelles il fait l'honneur de les traiter comme il a traité son propre Fils.

N'est-il pas évident d'abord, pour quiconque adhère pleinement aux enseignements de la foi, que les souffrances supportées pour l'amour de Dieu « tiennent lieu de purgatoire[1] » ; que « plus la nature est immolée et plus le profit sera grand? »

Elle estime si fort l'avantage d'être admise un jour à pénétrer plus avant dans l'intelligence de la suprême vérité et dans la possession du souverain bien, qu'elle n'hésiterait pas, si cela pouvait dépendre d'elle, à « endurer jusqu'à la fin du
» monde toutes les peines d'ici-bas, à la condition de recevoir
» un degré de plus de la gloire céleste, si petit fût-il. »[2]

Enfin, il faut la suivre jusqu'aux suprêmes sommets où l'ont élevée sa fidélité à l'oraison, son courage à travailler pour Dieu et toutes les grâces extraordinaires dont elle a été comblée. Puisse la glace de nos cœurs se fondre au contact de ces paroles de feu dans lesquelles Thérèse a condensé toute l'énergie de sa foi et l'ardeur de sa charité!

« Je n'ai aucun mérite, disait-elle, à désirer les souffrances.
» Elles seules peuvent me rendre la vie supportable. Souffrir :
» voilà où tendent mes vœux les plus chers. Que de fois, du
» plus intime de mon âme, je pousse ce cri vers Dieu : Sei-
» gneur, ou souffrir ou mourir : c'est la seule chose que je
» vous demande! »[3]

Prière sublime, digne d'être pleinement exaucée, comme elle le fut, ainsi que l'atteste l'histoire saisissante des dernières années de Thérèse sur la terre.

---

1. Sa vie, ch. XXXVI.
2. Ch. XXXVII.
3. Sa vie par elle-même, ch. XL.

V

La puissance d'aimer n'a pas de limites, même dans ce pauvre cœur mortel, auquel Dieu a donné le privilège de pouvoir se dilater indéfiniment et presque infiniment.

Mais la puissance de souffrir a des bornes ; et un moment arrive où la nature accablée au-delà de ce qu'elle est capable de porter, *gravati sumus supra modum*[1], doit nécessairement obéir à une « réponse de mort. »[2]

Longtemps, Thérèse avait pu dire dans les élans de ses désirs vers Dieu : « Souffrir, puisque je ne meurs pas. » Mais il vint une heure où l'alternative ne lui fut plus possible. Sa capacité de souffrir s'était épuisée en l'épuisant elle-même : il ne lui restait plus qu'à mourir.

Outre les fondations qui occupèrent jusqu'aux derniers mois de sa vie, elle dota ses filles de constitutions qui furent sanctionnées par le chapitre d'Alcala, tenu en 1580[3]. Ni le travail ne diminuait l'intensité de son oraison ; ni les grâces extraordinaires dont son oraison était de plus en plus favorisée ne ralentissaient son activité extérieure. Elle se dépensait sans compter pour Dieu et pour le prochain, garantie d'ailleurs, par l'ardeur de son amour, contre une illusion dont le zèle ne préserve pas toujours.

Cette illusion, qui devient aisément un piège pour beaucoup d'âmes, même solidement vertueuses, consiste à prendre racine dans la vie et à s'attacher à elle par des liens très étroits, sous le prétexte spécieux de multiplier les œuvres et de pouvoir travailler plus longtemps aux progrès du royaume de Dieu.

---

1. II, Cor., I, 8.
2. Ib., ib., 9.
3. *Histoire de sainte Thérèse*, par une carmélite, t. II, ch. XXIX.

Pour Thérèse, plus elle avançait dans la charité et plus cette vie lui apparaissait comme un songe, dont elle avait hâte de se réveiller, afin d'entrer dans le domaine des réalités vivantes et immuables. Aussi, joies ou souffrances, on peut dire que tout avait fini par lui être égal. Elle n'attachait guère plus d'importance aux unes qu'aux autres, parce que toute sa puissance et toute son énergie de pensée, de volonté, d'action, d'amour, se concentraient de plus en plus sur l'Unique nécessaire. [1]

Quitter les ombres de la nuit! aspirer à l'aurore, au plein jour, au réveil dans la lumière! Ce moment tant désiré ne pouvait plus beaucoup se faire attendre! Quels tressaillements de toute son âme, quand elle lisait au Cantique des cantiques ces paroles si délicieusement prophétiques : « L'hiver touche » à sa fin. Les nuages sombres et froids vont disparaître. » Déjà le printemps s'annonce. Les vignes s'apprêtent à » fleurir et à donner leurs parfums. Voici que mon Bien-Aimé » se tient derrière la muraille : il regarde et il appelle : ma » sœur! mon amie! lève-toi! Pas de retard! Viens! » [2]

Touchante invitation à laquelle, de son côté, la Sulamite répondra par le cri sur lequel se ferme le livre sacré et tout le poème de la divine parole : « Venez, Seigneur Jésus ! » venez ! » [3]

Après avoir solidement établi le monastère de Burgos, préservé miraculeusement par elle d'une inondation furieuse dans laquelle toutes les religieuses auraient pu périr sous l'effondrement du monastère, Thérèse s'était mise en route pour Palencia, puis pour Valladolid. Après avoir traversé Medina del Campo, au lieu de se rendre directement à Saint-Joseph d'Avila où elle avait cependant grande hâte d'arriver, elle fit tout à la fois un acte de charité et un acte d'obéissance en prenant le chemin d'Albe de Tormez où son provincial lui commandait d'aller consoler une affligée.

1. Sa vie par elle-même, ch. XL.
2. Cantique, ch. II.
3. Apocalypse, XXII, 20.

C'était là que la Providence avait marqué le terme de son pèlerinage terrestre. La fatigue du voyage avait achevé d'épuiser ses forces. En arrivant au Carmel d'Albe, elle dit à ses filles ces simples mots : « Que je me sens lasse ! », et elle se mit au lit.[1]

Après quelques jours de souffrances et de langueur, son état parut assez grave pour que l'on crût devoir lui apporter le saint Viatique.

C'était au soir du 3 octobre 1582. Comment répéter sans émotion les paroles par lesquelles Thérèse accueillit cette suprême visite du Dieu de l'Eucharistie :

« O mon Seigneur et mon Epoux bien-aimé ! il est bien
» temps de nous voir ! O mon Seigneur et mon unique amour !
» il est temps de partir ! il est temps que je sorte de cette vie,
» que mon âme s'en aille vers vous ; qu'elle s'unisse à vous,
» après vous avoir si longtemps attendu ! »

Thérèse passa en silence toute la journée du lendemain. Elle parachevait dans ces heures suprêmes les trois œuvres de toute sa vie ; l'oraison, dans laquelle son âme était plongée ; le travail et l'effort du dernier combat, où elle allait dépenser ce qui lui restait de forces ; l'immolation dans la souffrance qui allait consommer son long sacrifice. Enfin, à ces trois mesures du plus pur froment, elle mêlait le levain de l'amour qui allait une dernière fois soulever toute cette existence et la faire monter jusqu'à Dieu.

L'ouvrière s'était acquittée de sa tâche ; le pain de la vie éternelle était gagné : il fallait aller s'en nourrir là-haut.

A neuf heures du soir, le 4 octobre[2], la mourante fit entendre trois légers soupirs : Thérèse de Ahumada avait quitté la terre ; sainte Thérèse venait d'entrer au ciel.

---

1. *Histoire de sainte Thérèse*, t. II, ch. XXXII. Je résume ce chapitre où la mort de sainte Thérèse est racontée d'une façon si émouvante. J'aurais voulu pouvoir le citer tout entier.

2. Qui devait, peu après, devenir le 15, par la réforme grégorienne du calendrier.

Seigneur Jésus, époux des vierges consacrées et vrai Roi du Carmel, par l'intercession de votre servante Thérèse; à celui qui a essayé de parler d'elle et de raconter les merveilles de votre grâce dans sa vie; à toute sa famille religieuse et particulièrement à ses filles des Carmels d'Autun et de Chalon qui perpétuent dans le diocèse dédié à votre Cœur ses traditions et son esprit; à tous les chrétiens qui sont venus prendre leur part de cette fête; à tous ceux qui liront ces pages avec le sincère désir d'imiter vos saints, accordez, je vous en conjure, de faire de continuels progrès dans la science fondamentale de la prière; de se dévouer à votre service avec un courage infatigable; de comprendre et d'estimer les humiliations et les souffrances par lesquelles seules on peut vous ressembler et s'unir à votre très sainte passion.

Accordez-nous surtout de vous aimer avec une intensité qui aille toujours grandissant avec les labeurs et les épreuves de cette vie mortelle! Puissions-nous, comme Thérèse, rendre notre dernier soupir dans un acte de charité parfaite!

Ainsi soit-il!

www.ingramcontent.com/pod-product-compliance
Lightning Source LLC
LaVergne TN
LVHW021711080426
835510LV00011B/1725